SUPPLÉMENT

AU

CATALOGUE RAISONNÉ

DES

PLANTES VASCULAIRES

DU DÉPARTEMENT DE LA SOMME

PAR

MM. ÉLOY DE VICQ ET BLONDIN DE BRUTELETTE

Membres de la Société Botanique de France
et de la Société d'Emulation d'Abbeville

Extrait des MÉMOIRES *de la Société d'Emulation d'Abbeville*

NOUVELLE ÉDITION

ABBEVILLE

IMPRIMERIE BRIEZ, C. PAILLART & RETAUX

1873

PLANTES VASCULAIRES

DU

DÉPARTEMENT DE LA SOMME

SUPPLÉMENT

NOUVELLE ÉDITION

SUPPLÉMENT

AU

CATALOGUE RAISONNÉ

DES

PLANTES VASCULAIRES

DU DÉPARTEMENT DE LA SOMME

PAR

MM. ÉLOY DE VICQ et BLONDIN DE BRUTELETTE

Membres de la Société Botanique de France
et de la Société d'Émulation d'Abbeville

Extrait des Mémoires de la Société d'Émulation d'Abbeville

NOUVELLE ÉDITION

ABBEVILLE

IMPRIMERIE BRIEZ, C. PAILLART & RETAUX

—

1873

La publication du Catalogue raisonné des *Plantes vasculaires* du département de la Somme dans les *Mémoires* de la Société d'Émulation d'Abbeville (année 1864) (1) n'a pas interrompu nos recherches, dont le but est d'arriver à une connaissance aussi complète que possible de la Flore de notre circonscription.

La réunion de nouveaux matériaux nous permet d'ajouter à notre Catalogue un supplément qui viendra combler quelques lacunes. Nous espérons que MM. les Membres de la Société d'Émulation voudront bien l'accueillir avec la même faveur que notre premier travail.

L'intérêt que peut présenter ce supplément consiste dans l'indication de localités récemment découvertes bien plus que dans le nombre d'espèces nouvelles, les botanistes qui ont parcouru depuis près d'un siècle les parties les plus intéressantes du département ne nous ayant laissé presque rien à glaner. Nous pensons néanmoins que les renseignements que nous apportons ne seront pas inutiles au point de vue de la distribution de nos plantes les plus remarquables et de leur degré

---

(1) Tirage à part en un vol. in-8° de 318 pages. — Abbeville, typ. P. Briez. — Paris, J.-B. Baillière.

de rareté, et qu'ils pourront faciliter les herborisations dans des localités qui n'avaient pas encore été explorées.

M. le docteur Richer, professeur de botanique à Amiens, a bien voulu mettre à notre disposition la liste des plantes observées par lui dans nos limites. M. Copineau, avocat à la cour et zélé botaniste, nous a aussi communiqué obligeamment ses découvertes dans les environs d'Amiens. Ils ont ainsi contribué pour une bonne part à ce travail. Nous sommes heureux de leur en témoigner toute notre reconnaissance.

L'examen des plantes recueillies dans le département de la Somme et à proximité de ses limites par M. Dovergne, botaniste distingué, décédé il y a quelques années à Hesdin, nous a fourni des indications qui, bien que déjà anciennes, nous ont paru utiles à consigner. Nous avons aussi puisé de nouveau, dans les notes manuscrites de M. du Maisniel de Belleval (1) des renseignements qui pourront peut-être faire retrouver quelques espèces dans les localités qu'il a signalées.

Nous avons cru inutile de faire mention de localités nouvelles pour les espèces et variétés que le Catalogue désigne comme très-communes (*CC*). Les familles, les genres et les espèces sont disposés suivant l'ordre adopté dans le Catalogue, dont nous indiquons la page à la suite du nom de chaque plante.

Abbeville, le 1er Mars 1870.

(1) Botaniste abbevillois, mort en 1790. Son nom est souvent cité dans l'*Encyclopédie méthodique*.

Ce supplément, qui a déjà paru en 1870, fait partie du volume actuellement sous presse des *Mémoires* de la Société d'Emulation. Les graves événements qui sont survenus, ayant retardé la publication de ce volume, nous avons pu ajouter à notre supplément les découvertes qui ont été faites depuis 1870. Nous en devons de nombreuses et d'intéressantes à M. l'abbé Cagé, vicaire à Quend, et à M. Gonse, pharmacien à Amiens. Qu'ils nous permettent de leur offrir ici l'expression de nos sincères remercîments.

Abbeville, le 5 Février 1873.

SUPPLÉMENT

AU

CATALOGUE RAISONNÉ

DES

PLANTES VASCULAIRES

DU DÉPARTEMENT DE LA SOMME

RANUNCULACEÆ.

Thalictrum minus L.; *Cat.* 1. — Bois d'Ailly-sur-Somme (*Dr Richer*); Allonville (*Copineau*); dunes de Quend (*Abbé Cagé*). — Le *T. minus*, trouvé par M. l'abbé Cagé sur une de ces élévations sablonneuses arides connues sous le nom de *Crocs*, est une forme remarquable par son port robuste et trapu et par ses tiges à rameaux nombreux, raides et serrés.

T. flavum L.; *Cat.* 1. — Petit-Saint-Jean et Renancourt, près Amiens (*Gonse*).

Anemone Pulsatilla L.; *Cat.* 2. — Lisières de la forêt d'Arguel près Senarpont ; Quevauvillers (*Dr Richer*); Hébécourt, bois de Lozières entre Essertaux et Jumel (*Copineau*); Bacouel (*Gonse*).

A. sylvestris L.; *Cat.* 2. — Bois de Lozières entre Essertaux et Jumel, retrouvé à Boves (*Copineau*).

L'*A. ranunculoides* (L.; *Cat.* 2), qui n'est connu que dans une seule localité de notre département, a été trouvé dans les vergers de Marconnelle près Hesdin [Pas-de-Calais] (*Dovergne Herb.*).

Adonis æstivalis L.; *Cat.* 3. — Dury, Hangest-sur-Somme (*Gonse*).

S.-v. citrina (Coss. et Germ. *Fl.* 10. — *A. æstivalis* Var. *flava* Gren. et Godr. *Fl.*). — Fleurs jaunes. — Ailly-sur-Somme (*Copineau*).

Myosurus minimus L.; *Cat.* 3. — Tœufles du côté de Moyenneville ; Drucat ; Villers-sur-Authie (*Dovergne* Herb.).

Ranunculus Lingua L.; *Cat.* 6. — Saint-Sauveur, Longpré-les-Corps-Saints (Dr *Richer*); Longpré près Amiens (*Gonse*).

R. auricomus L.; *Cat.* 7. — Bois d'Estouilly près Ham ; Essertaux, Boves (*Copineau*).

Helleborus foetidus L.; *Cat.* 9. — Forêt d'Arguel près Senarpont ; bois de Lozières près Jumel, bois de Fluy (Dr *Richer*).

Aquilegia vulgaris L.; *Cat.* 9. — Forêt d'Arguel près Senarpont ; retrouvé à Marcuil ; Essertaux, Ailly sur-Noye (*Copineau*); Creuse (*Gonse*).

Aconitum Napellus L.; *Cat.* 10. — Subspontané dans une pâture à Villers-sur-Marenil.

Actæa spicata L.; *Cat.* 10. — Forêt d'Arguel près Senarpont ; Ailly-sur-Noye (R. *Vion*).

PAPAVERACEÆ.

Papaver hybridum L.; *Cat.* 11. — Champs près-Saint-Valery ; Saint-Roch et Petit-Saint-Jean près Amiens (Dr *Richer*).

P. dubium L.; *Cat.* 12. — Fortifications du château de Ham.

CRUCIFERÆ.

Barbarea vulgaris R. Br.; *Cat.* 14. — Ham.

Arabis sagittata D C.; *Cat.* 15. — Boves (*Copineau*).

A. arenosa Scop. *Carn.*; Coss. et Germ. *Fl.* 106; P. *Fl.*; Dub. *Bot.*; Gren. et Godr. *Fl.*

②. Mai-juin.

RR. — Coteaux herbeux, bords des chemins et des lieux cultivés. — Namps-au-Val (Dr *Richer*).

Cette espèce, nouvelle pour notre Flore, se rencontre aussi très-près de nos limites, à Guimerville [Seine-Inférieure] (Not. in *Cat.* 15).

Dentaria bulbifera L.; *Cat.* 15. — Bois de Boufflers. — M. Leuillier, ancien curé du Boisle, nous a signalé cette rare espèce à Boufflers où nous avons constaté sa présence. Nous ne l'avions recueillie précédemment qu'une seule fois dans la forêt de Crécy (*Cat.* 15). Elle paraît être plus répandue non loin de Boufflers, mais en dehors de nos limites, dans les forêts de Labroye et d'Hesdin [Pas-de-Calais] (Dovergne *Herb.*).

Cardamine hirsuta L.; *Cat.* 16. — Mareuil; chemin de halage à Amiens (*Copineau*).

Sisymbrium Alliaria Scop.; *Cat.* 17. — Limeux; Ham.

S. Sophia L.; *Cat.* 18. — Amiens près de la citadelle (Dr *Richer*).

S. Irio L.; *Cat.* 18. — Amiens, où il a paru de nouveau au bord de la Somme, à la suite de travaux de terrassements (*Copineau*).

Braya supina Koch; *Cat.* 18. — Glacis de la citadelle d'Amiens, entre Pont-de-Metz et le Petit-Saint-Jean sur les terrains remués pour creuser un nouveau lit à la rivière de Selle, retrouvé à Saint-Maurice (Dr *Richer*).

Hesperis matronalis L.; *Cat.* 19. — Drucat; Pont-de-Metz près Amiens (*Gonse*).

Diplotaxis muralis D C.; *Cat.* 19. — Fort-Mahon près Quend.

Brassica nigra Koch; *Cat.* 21. — Terrains remués sur la lisière du bois de Croixrault près Poix.

Alyssum calycinum L.; *Cat.* 22. — Boves, Essertaux (*Copineau*).

Thlaspi arvense L.; *Cat.* 25. — Quend (*Abbé Cagé*); bords de la route d'Amiens à Dury (*Copineau*).

T. perfoliatum L.; *Cat.* 25. — Sur les murs du château d'Essertaux (*Copineau*); retrouvé à Boves au pied des ruines de l'ancien château (Dr *Richer*; *Copineau*). — Indiqué sur le bord du chemin à droite en allant d'Abbeville à Cambron (*Du Maisniel de Belleval*, Not. manuscr.).

LEPIDIUM CAMPESTRE R. Br.; *Cat.* 26. — Ailly-sur-Somme (*Copineau*).

Le *L. ruderale* (L. *Sp.*; Coss. et Germ. *Fl.* 130; B. *Extr. Fl.*; Dub. *Bot* ; Gren. et Godr. *Fl.*) a été indiqué sur les coteaux de Caubert près Abbeville (*Du Maisniel de Belleval,* Not. manuscr.).

SENEBIERA CORONOPUS Poir.; *Cat.* 27. — Amiens (*Copineau*).

ISATIS TINCTORIA L.; *Cat.* 27. — Saint-Maurice près Amiens (*Copineau*).

RESEDACEÆ.

RESEDA LUTEOLA L.; *Cat.* 32. — Ham.

DROSERACEÆ.

DROSERA ROTUNDIFOLIA L.; *Cat.* 32. — Saint-Quentin-en-Tourmont (*Dovergne* Herb.).

PARNASSIA PALUSTRIS L.; *Cat.* 32. — Renancourt près Amiens (*Dr Richer*).

POLYGALEÆ.

POLYGALA VULGARIS L. Var. β. *parviflora* (Coss. et Germ.; *Cat.* 33). — Frucourt.

SILENEÆ.

GYPSOPHILA MURALIS L.; *Cat.* 33. — Fieffes (T. C. in *Dovergne* herb.); signalé dans les chaumes d'Avoine à Neufmoulin (*Du Maisniel de Belleval* Not. manuscr.).

DIANTHUS PROLIFER L. *Cat.* 33. — Ailly-sur-Noye (*Gonse*).

D. ARMERIA L.; *Cat.* 34. — Terrains défrichés du bois de Tachemont près Huchenneville ; Gamaches ; bois de Frohen (*De Fercourt* Herb.).

SILENE CONICA L.; *Cat.* 35. — Lisières du bois du Cap-Hornu près Saint-Valery.

MELANDRIUM SYLVESTRE Rœhl.; *Cat.* 36. — Bois d'Estrées-lès-Crécy ; forêt d'Arguel près Senarpont.

ALSINEÆ.

Spergularia marginata Boreau ; *Cat.* 38. — Saint-Valery.

Honkeneja peploides Ehrh.; *Cat.* 41. — Retrouvé à Saint-Quentin-en-Tourmont ; Fort-Mahon (*Abbé Cagé*).

Moehringia trinervia Clairv.; *Cat.* 41. — Villers-Bretonneux (Dr *Richer*); Essertaux (*Copineau*).

Arenaria serpyllifolia L. Var. β. *leptoclados* (Rchb.; *Cat.* 42). — Fort-Mahon près Quend ; Drucat.

Var. γ. *macrocarpa* (Lloyd ; *Cat.* 42). — Fort-Mahon près Quend.

Malachium aquaticum Fries ; *Cat.* 45. — Monchaux près Quend ; La Faloise (*Gonse*).

LINEÆ.

Linum tenuifolium L.; *Cat.* 45. — Flers, Essertaux, Vers-Hébécourt (*Copineau*); retrouvé à Cagny (Dr *Richer*) et à Boves (*Copineau*).

Le *L. Gallicum* (L. *Sp.*; Coss. et Germ *Fl.* 53 ; Dub. *Bot.*; Gren. et Godr. *Fl.*) a été recueilli une seule fois à Boves par M. Copineau (*Copineau* Herb.). Cette espèce, qui n'a pu être retrouvée dans cette localité, malgré d'attentives recherches, nous paraît y avoir été introduite accidentellement.

Radiola linoides Gmel. *Syst.*; Not in *Cat.* 46 ; Coss. et Germ. *Fl.* 55 ; Dub. *Bot.*; Gren. et Godr. *Fl.* — *Linum Radiola* L. *Sp.*

☉. Juin-août.

RR. — Lieux sablonneux humides. — Marais de Quend (*Abbé Cagé*).

MALVACEÆ.

Malva moschata L.; *Cat.* 46. — Bois d'Estrées-lès-Crécy ; forêt d'Arguel près Senarpont.

HYPERICINEÆ.

Androsæmum officinale All.; *Cat.* 47. — Retrouvé en 1869 dans la forêt de Crécy, entre la route de Bernay à Domvast et la route des Célestins (*Masson*), et sur le bord du chemin de Forestmontiers à Canchy (*P. de Vicq*). L'éloignement de ces deux localités de toute habitation garantit la spontanéité de l'*A. officinale* que nous avions mise en doute. Il a été observé dans la forêt d'Arguel près Senarpont (*Masson*). Nous l'y avons vainement cherché en 1869 et nous craignons que des travaux de défrichement pour l'élargissement d'une route ne l'en aient fait disparaître. — Il se trouve dans la forêt d'Hesdin [Pas-de-Calais] (*Dovergne* Herb.).

Hypericum humifusum L.; *Cat.* 48. — Quend (*Abbé Cagé*); Nesle (*Gonse*).

H. pulchrum L.; *Cat.* 49. — Bois de Bray-lès-Marcuil; Tilloy-Floriville; forêt d'Arguel près Senarpont.

H. hirsutum L.; *Cat.* 49. — Essertaux (*Copineau*).

L'*Helodes palustris* (Spach; Coss. et Germ. *Fl.* 82) a été recueilli près de nos limites, dans les bruyères de Saint-Josse [Pas-de-Calais] (*Dovergne* Herb.).

GERANIACEÆ.

Geranium pusillum L.; *Cat.* 53. — Ham.

G. rotundifolium L.; *Cat.* 53. — Saint-Roch près Amiens, bords du chemin d'Amiens au cimetière de la Madeleine, retrouvé à Cagny (*Dr Richer*).

OXALIDEÆ.

Oxalis stricta L.; *Cat.* 55. — Acquet près Neuilly-le-Dien; Estouilly près Ham; Renancourt près Amiens (*Copineau*); Gueschart (*Dovergne* Herb.).

PAPILIONACEÆ.

Genista sagittalis L.; *Cat.* 57. — Bois d'Ailly-sur-Somme, retrouvé à Boves et à Notre-Dame-de-Grâce près Amiens (*Dr Richer*).

G. tinctoria L.; *Cat.* 57. — Bois de Croixrault près Poix, retrouvé dans la forêt d'Arguel près Senarpont; Quend (*Abbé Cagé*); Boves, Quevauvillers, Molliens-Vidame (*Dr Richer*); Ailly-sur-Noye (*Gonse*).

Ononis spinosa L.; *Cat.* 57. — Fort-Mahon près Quend.

O. procurrens Wallr. Var. β. *maritima* (Gren. et Godr.; *Cat.* 58) S -v. *flore albo.* — Fleurs blanches. — Saint-Quentin-en-Tourmont.

Tetragonolobus siliquosus Roth; *Cat.* 59. — Fortifications d'Abbeville près la porte du Bois; Quend (*Abbé Cagé*).

Melilotus officinalis Willd.; *Cat.* 60. — Fortmanoir près Boves, Dreuil (*Dr Richer*).

M. alba Lmk.; *Cat.* 61. — Renancourt près Amiens (*Dr Richer*); Boves (*Copineau*); Nesle (*Gonse*).

Medicago minima Lmk.; *Cat.* 62. — Boves (*Dr Richer, Copineau*).

M. apiculata Willd.; *Cat.* 62. — Petit-Saint-Jean et Saint-Roch près Amiens (*Dr Richer*); Cambron (*Dovergne* Herb.).

M. maculata Willd.; *Cat.* 62. — Amiens (*Copineau*).

Trifolium pratense L.; *Cat.* 63 Var. *sativum* (Ser. *Mss.* — *T. sativum* Rchb. *Fl. exc.* 494; Kirschleg. *Fl. Als.* 1, 179; Boreau Not. in *Fl. centr.* 156. — Vulg. *Trèfle de Flandre*). — Plus robuste. Tiges plus élevées, sillonnées, fistuleuses. Feuilles plus larges. Capitules plus gros d'un rose plus foncé. — Cultivé communément en prairies artificielles.

T. striatum L.; *Cat.* 65. — Quend (*Abbé Cagé*).

T. scabrum L.; *Cat.* 65. — id. (*id*).

T. ELEGANS Savi; *Cat.* 65. — Cette espèce, cherchée en vain à Bussy et à Notre-Dame-de-Grâce près Amiens, localités indiquées dans la Flore du département de la Somme (P. *Fl.* 94), a été observée par M. le D' Dours, en 1854 et 1855, dans la forêt de Moislains (aujourd'hui presqu'entièrement défrichée), sur les coteaux calcaires du bois *Nul s'y frotte* près Péronne et sur la route de cette ville à Nesle dans des garennes incultes *A. Dours*, Obs. sur le *Trifolium elegans* Savi, in Mém. Soc. Linn. Nord Fr., année 1866, pag. 143). M. le D' Dours a, plus récemment encore, reconnu la présence du *T. elegans* à Boves, près des ruines de l'ancien château. — Trouvé à Quend (*Abbé Cagé*).

VICIA ANGUSTIFOLIA Roth S.-v. *ochroleuca* (*Cat.* 67). — Cette sous-variété est assez répandue dans le bois du Cap-Hornu près Saint-Valery où elle croît au milieu des *V. angustifolia* Roth et des *V. lutea* L. Le nom de *pallida* lui conviendrait mieux que celui d'*ochroleuca* à cause de ses fleurs d'un blanc rosé plutôt que jaunâtre.

LATHYRUS PALUSTRIS L.; *Cat.* 70. — Quend (*Abbé Cagé*).

L. SYLVESTRIS L.; *Cat.* 71. — Wailly, retrouvé à Dury (*Gonse*).

L. NISSOLIA L.; *Cat.* 72. — Saint-Roch près Amiens; retrouvé dans le parc de Pissy (*D' Richer*).

HIPPOCREPIS COMOSA L.; *Cat.* 73. — Mareuil.

ROSACEÆ.

SPIRÆA ULMARIA L. Var. α. *denudata* (Koch; *Cat.* 76). — Bois d'Estouilly près Ham.

RUBUS IDÆUS L.; *Cat.* 76. — Forêt d'Arguel près Senarpont.

GEUM RIVALE L.; *Cat.* 78. — Mareuil; Amiens à la Hautoie (*D' Richer; Copineau*); prairies de Fresmontiers (Du Maisniel de Belleval *Not. manuscr.*).

COMARUM PALUSTRE L.; *Cat.* 78. — Voisin près Dompierre (*Abbé Cagé*).

POTENTILLA VERNA L.; *Cat.* 79. — Retrouvé à Notre-Dame-de-Grâce près Amiens (*Dr Richer*), à Boves et à Ailly-sur-Somme (*Copineau*).

Le *P. mixta* (Nolte; *Cat.* 79) a été trouvé non loin de nos limites dans la forêt d'Hesdin [Pas-de-Calais] (*Dovergne Herb.*).

POMACEÆ.

SORBUS TORMINALIS Crantz; *Cat.* 86. — Bois de Quevauvillers (*Dr Richer*).

ONAGRARIEÆ.

EPILOBIUM SPICATUM Lmk.; *Cat.* 86. — Forêt d'Arguel près Senarpont.

E. HIRSUTUM L.; *Cat.* 86. — Senarpont.

E. PALUSTRE L.; *Cat.* 87. — Montières près Amiens (*Dr Richer*).

CIRCÆA LUTETIANA L.; *Cat.* 88. — La Faloise (*Gonse*).

HIPPURIDEÆ.

HIPPURIS VULGARIS L.; *Cat.* 89. — Bords de la Somme à Ham.

LYTHRARIEÆ.

PEPLIS PORTULA L.; *Cat.* 91. — Marais de Quend (*Abbé Cagé*).

PORTULACEÆ.

MONTIA MINOR Gmel.; *Cat.* 93. — Tœufles.

PARONYCHIEÆ.

HERNIABIA GLABRA L.; *Cat.* 93. — Bray-lès-Mareuil; Quend (*Abbé Cagé*); Wailly, Notre-Dame-de-Grâce près Amiens (*Gonse*).

H. HIRSUTA L.; *Cat.* 93. — Quend (*Abbé Cagé*).

CRASSULACEÆ.

SEDUM ALBUM L.; *Cat.* 94. — Harcelaines près Maisnières.

SAXIFRAGEÆ.

SAXIFRAGA GRANULATA L.; *Cat.* 96. — Retrouvé à Notre-Dame-de-Grâce près Amiens (*D' Richer ; Copineau*).

UMBELLIFERÆ.

BUPLEURUM FALCATUM L.; *Cat.* 97. — Maisnières ; lisières du bois de Croixrault près Poix ; forêt d'Arguel près Senarpont ; Folleville (*Gonse*).

CICUTA VIROSA L.; *Cat.* 98. — Villers-sur-Authie (*Dovergne Herb.*).

AMMI MAJUS L.; *Cat.* 98. — Quend (*Abbé Cagé*); champs bordant la route d'Amiens à Saveuse près la ferme de Grâce (*D' Richer*).

APIUM GRAVEOLENS L.; *Cat.* 100. — Retrouvé à Fort-Mahon près Quend.

HELOSCIADIUM REPENS Koch; *Cat.* 101. — Retrouvé à Longpré près Amiens (*D' Richer*).

H. INUNDATUM Koch; *Cat.* 101. — Marais de Bray-lès-Mareuil (*Du Maisniel de Belleval*, Not. manuscr.).

SIUM LATIFOLIUM L.; *Cat.* 101. — Marais de l'Etoile (*D' Richer*).

PIMPINELLA MAGNA L.; *Cat.* 102. — Senarpont ; forêt d'Arguel près Senarpont.

ŒNANTHE PHELLANDRIUM Lmk; *Cat.* 103. — Dans la Somme à Ham.

ANTHRISCUS VULGARIS Pers.; *Cat.* 105. — Retrouvé à Amiens (*D' Richer*).

SELINUM CARVIFOLIA L.; *Cat.* 106. — Marais du Pont-de-Metz près Amiens, Cagny, Fouencamps (*D' Richer*).

CAUCALIS DAUCOIDES L.; *Cat.* 108. — Maisnières.

HEDERACEÆ.

CORNUS MAS L.; *Cat.* 110. — Essertaux (*Copineau*).

CAPRIFOLIACEÆ.

ADOXA MOSCHATELLINA L.; *Cat.* 111. — Boves, Essertaux (*Copineau*).

SAMBUCUS EBULUS L.; *Cat.* 111. — Ercourt ; Senarpont.

VIBURNUM OPULUS L.; *Cat.* 112. — Retrouvé à Mareuil.

RUBIACEÆ.

ASPERULA ARVENSIS L.; *Cat.* 113. — Amiens à Henriville (*Copineau*); Cramont (*B.* Not. manuscr.).

A. ODORATA L.; *Cat.* 113. — Limeux ; forêt d'Arguel près Senarpont ; Ailly-sur-Noye ; bois de Lozières entre Essertaux et Jumel (*Copineau*).

GALIUM CRUCIATA Scop.; *Cat.* 113. — Rédery près Bernapré ; Senarpont.

VALERIANEÆ.

VALERIANA OFFICINALIS L.; *Cat.* 117. — Maisnières; Senarpont.

COMPOSITÆ.

CIRSIUM ERIOPHORUM Scop.; *Cat.* 121. — Pâture du château de Senarpont ; Corbie, retrouvé à Longueau près Amiens (*Dr Richer*).

C. ANGLICUM DC.; *Cat.* 122. — Quend (*Abbé Cagé*).

C. lanceolato-acaule Nægeli in Koch *Syn.* 997.

Tige moins élevée que celle du *C. lanceolatum*, pubescente aranéeuse. Feuilles du *C. acaule*, mais brièvement décurrentes à face supérieure munie de petites épines peu nombreuses ; lobes ovales trifides à divisions oblongues. Capitules du *C. lanceolatum*, mais à folioles oblongues brièvement acuminées, étalées dans leur partie supérieure.

♃. Juillet-septembre.

RR. — Lieux incultes, bords des chemins. — Cette plante a été trouvée entre la ferme de la Chapelle et Froise près Quend par MM. Delacourt et Gaudefroy, botanistes parisiens, qui ont bien voulu nous la communiquer.

C. rigens Wallr. *Sched.*; Coss. et Germ. *Fl.* 476. — *C. oleraceo-acaule* Hampe in *Linnæa*; Gren. et Godr. *Fl.*; Koch. *Syn.*

♃ Juillet-août.

RR. — Prairies humides. — Longpré près Amiens (Dr *Richer*).

CARDUUS NUTANS L.; *Cat.* 123 Var. *acanthoides* (Coss. et Germ. *Fl.* 478. — *C. acanthoides* L. *Sp.*; Gren. et Godr. *Fl.*). — RR. — Rivery (*Copineau*).

SILYBUM MARIANUM Gærtn; *Cat.* 123. — Saint-Roch près Amiens (Dr *Richer*).

LAPPA COMMUNIS Coss. et Germ. Var. β. *major* (Coss. et Germ.; *Cat.* 124). — Forêt d'Arguel près Senarpont.

SERRATULA TINCTORIA L.; *Cat.* 124. — Poix; Saleux, Clairy-Saulchoy, bois Dufour et bois de la Ville à Molliens-Vidame (Dr *Richer*).

CENTAUREA SOLSTITIALIS L.; *Cat.* 124. — Huppy; Quend (*Abbé Cagé*); Quevauvillers, Fresnoy-au-Val (Dr *Richer*); Essertaux (*Copineau*); Dury, Villers-Bocage (*Gonse*).

CENTROPHYLLUM LANATUM DC.; *Cat.* 125. — Cavillon, Fourdrinoy (Dr *Richer*); Essertaux (*Copineau*).

BIDENS TRIPARTITA L.; *Cat.* 126. — Amiens à la Hautoie (*Copineau*).

B. CERNUA L.; *Cat.* 126. — Argoules; Amiens à la Hautoie (*Copineau*).

MATRICARIA INODORA L.; *Cat.* 128. — Allée du bois de Croixrault près Poix.

ARTEMISIA VULGARIS L.; *Cat.* 130. — Ham.

TANACETUM VULGARE L.. *Cat.* 131. — Drucat.

CALENDULA ARVENSIS L.; *Cat.* 131. — Saint-Roch près Amiens (Dr *Richer*); Essertaux et champs près la route d'Amiens à Saint-Fuscien (*Copineau*).

GNAPHALIUM LUTEO-ALBUM L.; *Cat.* 133. — Neuilly-l'Hôpital (*Du Maisniel de Belleval* Not. manuscr.).

INULA HELENIUM L ; *Cat.* 134. — Retrouvé à Quend (*Abbé Cagé*); signalé dans une pâture à Saint-Maulvis (*Masson*); Woirel (*B.* Not. manuscr.).

I. CONYZA DC.; *Cat.* 134. — Retrouvé à Amiens (*Gonse*).

L'*I. Britannica* (L.; Coss. et Germ. *Fl.* 508) a été récolté à Marconnelle près Hesdin [Pas-de-Calais] (*Dovergne* Herb.).

ERIGERON CANADENSIS L.; *Cat.* 135. — Bords du chemin de fer entre Saleux et Bacouel, retrouvé à Amiens (*Gonse*).

CINERARIA PALUSTRIS L.; *Cat.* 137. — Marais de Neuville-lès-Forestmontiers.

SENECIO ERUCÆFOLIUS L.; *Cat.* 138. — Beauchamps (*Du Maisniel de Belleval*, Not manuscr.).

S. AQUATICUS Huds.; *Cat.* 138. — Abondant dans les marais entre Quend et Villers-sur-Authie (*Abbé Cagé*).

PICRIS HIERACIOIDES L.; *Cat.* 141. — Ruines du château de Poix.

HELMINTHIA ECHIOIDES Gaertn.; *Cat.* 142. — Huppy dans un champ de Luzerne; Quend (*Abbé Cagé*); Petit-Saint-Jean près Amiens (*Dr Richer*).

TRAGOPOGON PRATENSIS L.; *Cat.* 142. — Senarpont.

Chondrilla juncea L. *Sp.*; Coss. et Germ. *Fl.* 532 ; P. *Fl.* ; Dub. *Bot.*; Gren. et Godr. *Fl.*

②. Juin-août.

RR. — Champs sablonneux, lieux pierreux, bords des chemins. — Moissons entre Saint-Valery et le bois du Cap-Hornu du côté de la falaise (*Dr Richer*). — Cette espèce, indiquée entre Cayeux et Saint-Valery (P. Fl.), nous paraissait avoir été confondue avec le *Lactuca saligna* (L.; *Cat.* 144), que nous avons observé dans les environs de Cayeux. M. le Dr Richer a retrouvé le *Chondrilla juncea* près du Cap-Hornu où nous l'avons récolté en 1868.

LACTUCA SCARIOLA L.; *Cat.* 145 Var. *virosa* (Coss. et Germ. *Fl.* 534. — *L. virosa* L. *Sp.*; Dub. *Bot.*; Gren. et Godr. *Fl.*). — RR. — Fortmanoir près Boves (*Copineau*).

Hieracium Auricula L ; *Cat.* 148. — Les Alleux près Behen ; Monchaux près Quend sur une digue. — Trouvé dans la forêt d'Hesdin et à Brévilliers [Pas-de-Calais] (*Dovergne* Herb.).

Var. β. *monocephalum* (Coss. et Germ.; *Cat.* 148). — Monchaux près Quend.

H. boreale Fries ; *Cat.* 148. — Forêt d'Arguel près Senarpont.

CAMPANULACEÆ.

Campanula Trachelium L.; *Cat.* 149. — Estrées-lès-Crécy.

C. glomerata L.; *Cat.* 150. — Poix ; lisières de la forêt d'Arguel près Senarpont ; Hangest-sur-Somme, Ailly-sur Noye (*Gonse*).

Specularia hybrida Alph. D C.; *Cat.* 150. — Amiens, Ailly-sur-Noye (*Copineau*).

ERICINEÆ.

Calluna vulgaris Salisb.; *Cat.* 152. — Tilloy-Floriville ; retrouvé au bois du Val près Laviers ; forêt de Crécy (*P. de Vicq*) ; bois de Frohen (*De Fercourt* Herb.).

PYROLACEÆ.

Pyrola minor L.; *Cat.* 153. — Bois de Quevauvillers (Dr *Richer*).

MONOTROPEÆ.

Monotropa Hypopitys L.; *Cat.* 153. — Poix ; Creuse (*Gonse*) ; bois de Saint-Riquier (*Du Maisniel de Belleval*, Not. manuscr).

ASCLEPIADEÆ.

Vincetoxicum officinale Mœnch ; *Cat.* 154. — Forêt d'Arguel près Senarpont ; bois de Boves et d'Ailly-sur-Noye (*Dr Richer, Copineau*).

GENTIANEÆ.

Menyanthes trifoliata L.; *Cat.* 155. — Monchaux près Quend ; Ham.

Limnanthemum Nymphoides Hoffm.; *Cat.* 155. — Canal de la Somme près Montières (*Gonse*).

Chlora perfoliata L. *Cat.* 156. — Dunes de Saint-Quentin-en-Tourmont (*Copineau*); retrouvé à Quend (*Abbé Cagé*); lisières du bois de Frohen (*De Fercourt* Herb.). — Trouvé près de nos limites à Tollent [Pas-de-Calais] (*Dovergne* Herb.).

Gentiana Pneumonanthe L.; *Cat.* 156. — Fouencamps (D' *Richer, Copineau*).

G. Germanica Willd.; *Cat.* 156. — Hangest-sur-Somme, Dury (*Gonse*).

CUSCUTEÆ.

Cuscuta Epithymum Murray. Var. β. *Trifolii* (Coss. et Germ.; *Cat.* 160). — Huppy.

C. major C. Bauh.; *Cat.* 160. Var. *Viciæ*. (*C. viciæ* Schnitzlein; Kirschleg. *Fl. Als.* 1, 527 et 2, 471. — C. Schkuhriana Pfeiffer, *Ann. sc. nat.* 5, 1846 p. 86?). — Tiges purpurines plus grêles que dans le type. Fleurs d'un rose pâle. Calice à divisions plus courtes, plus larges et plus obtuses. Filets des étamines élargis depuis l'anthère jusqu'à la base, un peu plus longs que l'anthère. — Parasite sur le *Vicia sativa*. — Observé pour la première fois au mois de septembre 1873 dans un champ de Vesce entre Grébault et Huppy.

BORRAGINEÆ.

Lycopsis arvensis L.; *Cat.* 161. — Saint-Valery.

Myosotis versicolor Rchb; *Cat.* 162. — Moyenneville.

Lithospermum officinale L.; *Cat.* 163. Bois d'Ailly-sur-Noye (*Copineau*).

Cynoglossum officinale L.; *Cat.* 164. — Ham.

SOLANEÆ.

L'*Atropa Belladona* (L.; *Cat.* 165) a été trouvé dans la forêt d'Hesdin [Pas-de-Calais] (*Dovergne* Herb.).

Lycium Barbarum L.; *Cat.* 165. — Essertaux (*Copineau*).

Hyosciamus niger L.; *Cat.* 166. — Ham ; Essertaux, Boves (*Copineau*).

VERBASCEÆ.

Verbascum Blattaria L.; *Cat.* 167. — Amiens vers Saint-Roch dans les terrains de la cité ouvrière et au cimetière de la Madeleine (*D*^r *Richer*); La Faloise (*Gonse*).

V. Lychnitis L.; *Cat.* 168. — Coteau de Grâce près Amiens (*D*^r *Richer*).

V. nigrum L.; *Cat.* 168. S.-v. *flore albo.* — Fleurs blanches. — Cimetière d'Hautvillers.

SCROFULARINEÆ.

Veronica Persica Poir.; *Cat.* 169. — Tœufles ; Baisnat près Huppy ; Quend (*Abbé Cagé*).

V. triphyllos L.; *Cat.* 169. — Quend (*Abbé Cagé*).

V. præcox All.; *Cat.* 169. —   id.   (*id.*).

V. montana L.; *Cat.* 171. — Bois d'Estouilly près Ham ; bosquet du vieux Quend (*Abbé Cagé*). — Trouvé dans la forêt d'Hesdin [Pas-de-Calais] (*Dovergne* Herb.).

V. Teucrium L.; *Cat.* 172. — Lisières de la forêt d'Arguel près Senarpont ; retrouvé à Boves (*Copineau*).

Le *Scrofularia vernalis* (L.; Not. in *Cat.* 173) croît dans les haies de Marconnelle près Hesdin [Pas-de-Calais] (*Dovergne* Herb.).

Digitalis purpurea L.; *Cat.* 173. — Forêt d'Arguel près Senarpont.

Linaria Cymbalaria Mill.; *Cat.* 174. — Murs du château de Ham ; Montdidier (*Lefebvre de Villers*).

L. supina Desf.; *Cat.* 175. — Boves (*Copineau*).

Pedicularis sylvatica L.; *Cat.* 175. — Limeux.

P. palustris L.; *Cat.* 175. — Gamaches.

Rhinanthus minor Ehrh.; *Cat.* 176. — Ham, forêt d'Arguel près Senarpont.

Melampyrum cristatum L.; *Cat.* 176. — Forêt d'Arguel près Senarpont.

OROBANCHEÆ.

Phelipæa ramosa C. A. Mey.; *Cat.* 177. — Observé il y a peu d'années à Fontaine-sur-Somme (*Masson*).

Orobanche Galii Dub.; *Cat.* 178. — Monchaux près Quend.

O. Epithymum DC.; *Cat.* 178. — Ailly sur-Noye (*Gonse*).

LABIATÆ.

Mentha sylvestris Koch. Var. β. *viridis* (Coss. et Germ.; *Cat.* 180). — Bords de la Somme à Amiens (*Copineau*).

Thymus Serpyllum L. s.-v. *albus Cat.* 182. — Maisnières.

Le *Melissa officinalis* (L.; Not. in *Cat.* 183) a été trouvé à l'état subspontané à Frohen (*De Fercourt* Herb.).

Lamium amplexicaule L ; *Cat.* 184. — Frucourt.

Galeobdolon luteum Huds.; *Cat.* 185. — Dury, Essertaux (*Copineau*).

Stachys Germanica L. *Cat.* 186. — Namps-au-Mont (Dr *Richer*); Essertaux (*Copineau*); Flixecourt (*Dovergne* Herb.).

S. Alpina L.; *Cat.* 186. — Pâture du château de Senarpont; bords d'un chemin dans la forêt d'Arguel près Senarpont; La Faloise (*Gonse*).

Leonurus Cardiaca L.; *Cat.* 187. — Mareuil (*Du Maisniel de Belleval*, Not. manuscr.).

Brunella vulgaris Mœnch Var. β. *alba* (Coss. et Germ.; *Cat.* 188. — Quevauvillers (Dr *Richer*).

Scutellaria galericulata L.; *Cat.* 188. — La Faloise (*Gonse*).

Ajuga Genevensis L.; *Cat.* 189. — Lisières de la forêt d'Arguel près Senarpont ; Camon, Boves (*Copineau*).

TEUCRIUM BOTRYS L.; *Cat.* 189. — Bray-lès-Mareuil ; Poix.

T. CHAMÆDRYS L.; *Cat.* 190. — Ailly-sur-Noye (*Gonse*).

T. MONTANUM L.; *Cat.* 190. —   id.   (*id.*).

LENTIBULARIEÆ.

PINGUICULA VULGARIS L.; *Cat.* 191. — Fouencamps (D' *Richer*).

UTRICULARIA VULGARIS L.; *Cat.* 191. — Marais de Longpré près Amiens (*Copineau*).

PRIMULACEÆ.

HOTTONIA PALUSTRIS L.; *Cat.* 192. — La Neuville près Amiens, Fortmanoir près Boves (D' *Richer*); Camon (*Copineau*); Nampont (*Du Maisniel de Belleval*, Not. manuscr.).

LYSIMACHIA NUMMULARIA L.; *Cat.* 193. — Ham ; Essertaux (*Copineau*); La Faloise (*Gonse*).

L. NEMORUM L.; *Cat.* 193. — Bois de Raincheval (*Copineau*).

Le *L. thyrsiflora* L. a été découvert en 1868 par M. Petermann aux environs de Saint-Quentin [Aisne] dans le marais de Rouvroy qui est situé à peu de distance des sources de la Somme (*Petermann* in Bull. Soc. bot. Fr. 16, 216). Cette espèce septentrionale, très-rare en France, existait autrefois à Abbeville (Not. in *Cat.* 193). La rencontre qui vient d'en être faite récemment doit encourager à diriger de nouvelles recherches dans les autres parties de la vallée de la Somme.

SAMOLUS VALERANDI L.; *Cat.* 193. — Retrouvé à Longpré près Amiens (*Copineau*).

CENTUNCULUS MINIMUS L.; *Cat.* 194. — Quend (*Abbé Cagé*).

GLOBULARIEÆ.

GLOBULARIA VULGARIS L.; *Cat.* 195. — Lisières de la forêt d'Arguel près Senarpont ; Quevauvillers (D' *Richer*); bois de Lozières entre Essertaux et Jumel (*Copineau*); Creuse, Bacouel (*Gonse*); retrouvé à Boves et à Cagny (D' *Richer, Copineau*).

PLUMBAGINEÆ.

Armeria maritima Willd.; *Cat.* 195. — Retrouvé à St-Valery.

Statice Limonium L.; *Cat.* 196. — Retrouvé dans les prés salés sous le bois du Cap-Hornu près Saint-Valery.

PLANTAGINEÆ.

Plantago Coronopus L.; *Cat.* 198. — Le Hourdel près Cayeux.

SALSOLACEÆ.

Beta vulgaris Moq. Tand. Var. α. *maritima* Moq. Tand.; *Cat.* 199. — Fort-Mahon près Quend (*Abbé Cagé*); Ault (*T. C.* Herb.).

Blitum Bonus-Henricus Rchb.; *Cat.* 202. — Senarpont.

Atriplex crassifolia C. A. Mey.; *Cat.* 202. — Fort-Mahon près Quend (*Abbé Cagé*).

L'*A. littoralis* (L.; *Cat.* 204) a été trouvé à Berck et à Etaples [Pas-de-Calais] (*Dovergne* Herb.).

POLYGONEÆ.

Le *Rumex maximus* (Schreb.; Coss. et Germ. *Fl.* 566; Gren. et Godr. *Fl.*) nous a été signalé à la limite de notre département sur les bords de la Bresle entre Eu et le Tréport [Seine-Inférieure] par M. A. Passy, membre de l'Institut. Nous n'avons pas encore eu l'occasion d'y constater sa présence.

Le *Polygonum mite* (Schrank; Not. in *Cat.* 211) et sa Var. *minus* (Coss. et Germ. *Fl.* 571. — *P. minus* Huds.) ont été récoltés dans le marais de Grigny près Hesdin [Pas-de-Calais] (*Dovergne* Herb.).

THYMELÆÆ.

Daphne Laureola L.; *Cat.* 212. — Forêt d'Arguel près Senarpont; bois d'Epaumesnil (*Masson*).

D. Mezereum L.; *Cat.* 213. — Bois de Caumondel près Huchenneville ; Essertaux, retrouvé à Boves (*Copineau*).

SANTALACEÆ.

Thesium humifusum D C.; *Cat.* 213. — Essertaux (*Copineau*).

EUPHORBIACEÆ.

Euphorbia palustris L.; *Cat.* 214. — Bords de la Somme à Montières près Amiens (*D*r *Richer*).

E. Lathyris L.; *Cat.* 215. — Bords de la route d'Amiens à Dury (*Copineau*).

Mercurialis perennis L.; *Cat.* 216. — Forêt d'Arguel près Senarpont ; Creuse (*Gonse*).

SALICINEÆ.

Salix fragilis L.; *Cat.* 220. — Quend (*Abbé Cagé*)

S. purpurea L.; *Cat.* 221. —   id.   (*id.*).

S. mollissima Ehrh. *Beitr.* 6, 101; Gren. et Godr. *Fl.* 3, 127; Koch *Syn.* 745.

Feuilles lancéolées allongées, acuminées, lâchement denticulées, finement tomenteuses en dessous dans leur jeunesse. Stipules ovales aiguës. Châtons sessiles ou brièvement pédonculés, munis de petites feuilles à la base. Ecailles ferrugineuses jaunâtres, longuement barbues. Capsule tomenteuse, ovoïde conique, sessile, la glande dépassant la base de la capsule. Stigmates linéaires, bifides, ne dépassant pas les poils des écailles.

♄. Mars-avril.

RR. — Lieux humides, bords des eaux. — Quend (*Abbé Cagé*).

S. Smithiana Willd.; *Cat.* 221. —   id.   (*id.*).

S. Salviæfolia Link apud Willd. *Sp.* 4, 688; Koch *Syn.* 747.

Feuilles oblongues lancéolées aiguës, atténuées à la base, obscurément denticulées, blanchâtres tomenteuses en dessous et à nervures saillantes. Chatons sessiles, un peu arqués, munis de petites feuilles à la base. Capsule tomenteuse, ovoïde conique allongée, pédicellée à pédicelle environ deux fois plus long que la glande. Style court. Stigmates oblongs, ordinairement entiers. ♄. Avril-mai.

RR. — Lieux humides, marais. — Quend (*Abbé Cagé*).

S. CINEREA L.; *Cat.* 221. —   id.   (*id.*).

S. AURITA L.; *Cat.* 222. —   id.   (*id.*).

S. REPENS L.; *Cat.* 222. — Bray-lès-Marcuil (**Du Maisniel de Belleval**, Not. manuscr.).

HYDROCHARIDEÆ.

HYDROCHARIS MORSUS-RANÆ L.; *Cat.* 226. — Dans la Somme à Ham.

BUTOMEÆ.

BUTOMUS UMBELLATUS L.; *Cat.* 227. — Dreuil près Amiens (*Copineau*).

JUNCAGINEÆ.

TRIGLOCHIN PALUSTRE L.; *Cat.* 227. — Rivery et Longpré près Amiens (*Dr Richer*).

POTAMEÆ.

POTAMOGETON PLANTAGINEUS Ducros; *Cat.* 229. — Longpré près Amiens (*Dr Richer*).

P. PUSILLUS L.; *Cat.* 230. — Retrouvé à Rivery (*Copineau*).

P. PECTINATUS L.; *Cat.* 231. — Dans la Somme à Ham.

Le *P. rufescens* (Schrad.; *Cat.* 228) a été rencontré à Raye et à Aubin près Hesdin [Pas-de-Calais] (*Dovergne* Herb.).

Le *P. trichoides* (Chamisso et Schlecht. in Linn. — *P. monogynus* J. Gay; Not. in *Cat.* 230) a aussi été trouvé dans le marais d'Aubin [Pas-de-Calais] (*Dovergne* Herb.).

NAIADEÆ.

Najas major Roth. *Germ.*; Coss. et Germ. *Fl.* 713; Dub. *Bot.*; Gren. et Godr. *Fl.*

①. Juillet-septembre.

RR. — Fossés, rivières, canaux. — Amiens dans les *hortillonnages* (*Copineau*) et dans le canal de la Somme en face du cimetière de la Madeleine, fossés à Camon (*Dr Richer*). — Cette espèce, dont il n'a pas encore été fait mention dans la Flore du département de la Somme, paraît cependant avoir été observée autrefois dans l'étang du Gard près de Villers-sur-Authie (*Buteux* in *Du Maisniel de Belleval* Not. manuscr.).

LEMNACEÆ.

Lemna trisulca L.; *Cat.* 232. — Amiens (*Copineau*).

L. **polyrrhiza** L.; *Cat.* 233. — Amiens au champ de courses et à la Voirie (*Dr Richer*).

TYPHACEÆ.

Typha angustifolia L.; *Cat.* 234. — Retrouvé à Rivery près Amiens (*Dr Richer*).

Sparganium simplex Huds.; *Cat.* 234. — Amiens (*Copineau*).

ORCHIDEÆ.

Loroglossum hircinum Rich.; *Cat.* 235. — Bois de Croixrault près Poix; Monchaux près Quend; retrouvé à Laviers.

Anacamptis pyramidalis Rich.; *Cat.* 235. — Lisières de la forêt d'Arguel près Senarpont; pâturages sur les falaises entre Ault et Mers (*Copineau*).

Orchis ustulata L.; *Cat.* 235. — Bois de Port, dunes de Saint-Quentin-en-Tourmont (*Dovergne* Herb.).

O. **purpurea** Huds.; *Cat.* 235. — Mareuil.

O. **militaris** L.; *Cat.* 236. — Forêt d'Arguel près Senarpont; Boves, Essertaux (*Copineau*); bois de Creuse (*R. Vion*).

O. Morio L.; *Cat.* 237. — Doudelainville.

O. mascula L.; *Cat.* 237. — Essertaux (*Copineau*); bois de Creuse (*R. Vion*).

Ophrys muscifera Huds.; *Cat.* 238. — Forêt d'Arguel près Senarpont; Essertaux, retrouvé à Boves (*Copineau*).

O. aranifera Huds.; *Cat.* 238. — Retrouvé à Boves (*Copineau*).

O. arachnites Hoffm.; *Cat.* 238. — Retrouvé à Boves (*R. Vion*).

O. apifera Huds.; *Cat.* 238. — Bois de Lanchères; forêt d'Arguel près Senarpont; Montrelet (*Dr Dours*); Ailly-sur-Noye (*R. Vion*); Bertangles (*Gonse*).

Gymnadenia conopsea Rich.; *Cat.* 239. — Lisières de la forêt d'Arguel près Senarpont; Essertaux (*Copineau*).

Platanthera montana Schmidt; *Cat.* 240. — Marcuil; Senarpont; bois de Lozières entre Essertaux et Jumel (*Copineau*).

Limodorum abortivum Sw.; *Cat.* 240. — Retrouvé à Boves (*Dr Richer*).

Cephalanthera grandiflora Babingt.; *Cat.* 240. — Marcuil; Forêt d'Arguel près Senarpont; Essertaux (*Copineau*); Creuse, Bertangles, Bacouel (*Gonse*).

Nous avons vu dans l'herbier de M. Dovergne le *C. rubra* (Rich.; *Cat.* 241) récolté dans le bois de Port par M. Tillette de Clermont-Tonnerre. Nous ne pensons pas qu'on l'y ait retrouvé.

Epipactis latifolia All. Var. α. *latifolia* (Coss. et Germ.; *Cat.* 241). — Bois de Croixrault près Poix; Vers-Hébecourt, Essertaux (*Copineau*); Ailly-sur-Noye (*Gonse*).

Var. β. *atrorubens* (Coss. et Germ.; *Cat.* 241). — Bois de Croixrault près Poix; forêt d'Arguel près Senarpont; le Gard près Picquigny (*Gonse*).

Neottia nidus-avis Rich.; *Cat.* 242. — Forêt d'Arguel près Senarpont; Senarpont; retrouvé à Ailly-sur-Somme et à Jumel (*Dr Richer*).

Spiranthes æstivalis Rich.; *Cat.* 242. — Quend (*Abbé Cagé*).

S. autumnalis Rich.; *Cat.* 243. — Boufflers (*Dovergne Herb.*); bords du bois de Crécy-Grange près Crécy (*Du Maisniel de Belleval*, Not. manuscr.).

ASPARAGINEÆ.

Polygonatum vulgare Desf.; *Cat.* 245. — Ailly-sur-Noye, bois de Lozières entre Essertaux et Jumel (*Copineau*).

Paris quadrifolia L.; *Cat.* 246. — Boves, Ailly-sur-Noye (*Copineau*); Creuse, la Faloise (*Gonse*).

DIOSCOREÆ.

Tamus communis L.; *Cat.* 246. — Forêt d'Arguel près Senarpont; bois de Rampval près Mers (*Copineau*).

LILIACEÆ.

Tulipa sylvestris L. *Sp.*; Coss. et Germ. *Fl.* 644; Dub. *Bot.*; Gren. et Godr. *Fl.*

♃. Avril.

RR. — Taillis des bois, endroits herbeux des parcs. — Essertaux (*Copineau*). — Espèce nouvelle pour notre Flore. — On nous a signalé dans le parc du château de Huppy un *Tulipa* que l'on ne peut détruire et qui y fleurit très-rarement. Nous pensons que cette plante pourrait bien être le *T. sylvestris* L.

Ornithogalum Pyrenaicum L.; *Cat.* 247. — Retrouvé à Dury (Dr *Richer*).

O. umbellatum L.; *Cat.* 247. — Limeux; Boves, Cagny, Quevauvillers (Dr *Richer*); Ailly-sur-Noye (*Copineau*).

Gagea arvensis Schult.; *Cat.* 248. — Amiens à la Hautoie, Flay (Dr *Richer*); Essertaux (*Copineau*); Flixecourt (*Dovergne Herb.*).

Scilla bifolia L.; *Cat.* 248. — Essertaux (*Copineau*).

Allium vineale L.; *Cat.* 249. — Dunes de Quend.

Muscari comosum Mill.; *Cat.* 250. — Ailly-sur-Noye, Boves (*Copineau*).

Phalangium ramosum Lmk.; *Cat.* 250. — Coteau calcaire bordant au sud la forêt d'Arguel près Senarpont.

COLCHICACEÆ.

Colchicum autumnale L.; *Cat.* 251. — Saint-Maulvis (*Masson*).

JUNCEÆ.

Juncus Gerardi Lois.; *Cat.* 253. — Saint-Quentin-en-Tourmont.

Le *J. supinus* (Mœnch.; *Cat.* 252) a été recueilli à Sorus et à Saint-Josse [Pas-de-Calais] (*Dovergne* Herb.).

Luzula Forsteri DC.; *Cat.* 254. — Frucourt; bois au sud de Poix.

L. multiflora Lej.; *Cat.* 254. — Boves (*Copineau*); Villers-Bretonneux (*Dr Richer*).

CYPERACEÆ.

Carex pulicaris L.; *Cat.* 255. — Fossés entre Quend et Villers-sur-Authie (*Abbé Cagé*).

C. vulpina L.; *Cat.* 255. — Quend (*id.*).

C. muricata L. Var. α. *muricata* (Coss. et Germ.; *Cat.* 256). — Mareuil.

C. paradoxa Willd.; *Cat.* 256. — Quend (*Abbé Cagé*).

C. paniculata L.; *Cat.* 256. — Villers-sur-Authie (*Abbé Cagé*); Ham (*Copineau*).

Le *C. stellulata* Good., que nous avons observé dans les landes de Beaumont près Eu [Seine-Inférieure] (Not. in *Cat.* 257), a été récolté à Saint-Josse [Pas-de-Calais] (*Dovergne* Herb.).

C. divisa Huds.; *Cat.* 257. — Quend (*Abbé Cagé*).

C. disticha Huds.; *Cat.* 258. — Bray-lès-Mareuil; Quend (*id.*).

C. brizoides L. *Sp.* 1381; Dub. *Bot.* 491; Boreau *Fl. centr.* 668; Koch *Syn.* 868.

Souche grêle, longuement rampante. Tiges de 3-5 décim.,

grêles, faibles, triquètres, rudes, penchées au sommet. Feuilles linéaires étroites, allongées, planes, rudes aux bords. Epi terminal composé. Epillets 5-8, lancéolés oblongs, rapprochés, courbés en dehors, mâles à la base. Stigmates 2. Utricules dressés, lancéolés, plans convexes, lisses, denticulés aux bords, atténués en un bec bifide dépassant un peu l'écaille. Ecailles ovales lancéolées, d'un vert blanchâtre.

♃. Mai-juin.

RR. — Bois humides. — Forêt de Crécy (*Dovergne* Herb.). — Avant d'avoir vu cette espèce dans l'herbier de M. Dovergue, nous n'avions pas cru devoir l'admettre, quoiqu'elle ait été signalée depuis longtemps dans la forêt de Crécy sur les bords des chemins en descendant vers Crécy (*Du Maisniel de Belleval*, Not. manuscr.).

C. CÆSPITOSA L.; *Cat.* 258. — Quend (*Abbé Cagé*).

C. ACUTA L.; *Cat.* 258. — Id. (*id.*).

C. TRINERVIS Desgl.; *Cat.* 259. — Id. (*id.*).

Le *C. ericetorum* (Poll.; Coss. et Germ. *Fl.* 745; Dub. *Bot.*; Gren. et Godr. *Fl.*) a été trouvé très-près de nos limites dans la forêt de Labroye [Pas-de-Calais] (*Dovergne* Herb.).

C. PILULIFERA L.; *Cat.* 259. — Bois de Frucourt.

C. PRÆCOX Jacq.; *Cat.* 259. — Quend (*Abbé Cagé*).

C. DIGITATA L.; *Cat.* 260. — Bois de Saveuse (Dr *Richer*).

C. PANICEA L.; *Cat.* 260. — Quend (*Abbé Cagé*).

C. FLAVA L.; *Cat.* 261. — Id. (*id.*).

C. ŒDERI Ehrh.; *Cat.* 261. — Id. (*id*).

C. DISTANS L. *Cat.* 261. — Id. (*id.*).

Le *C. binervis* Sm., observé dans les landes de Beaumont près Eu [Seine-Inférieure] (Not. in *Cat.* 261), a été rencontré dans le bois de Saint-Josse [Pas-de-Calais] (*Dovergne* Herb.).

C. EXTENSA Good.; *Cat.* 262. — Quend (*Abbé Cagé*).

C. Pseudo-Cyperus L. *Cat.* 262. — Quend; Pont-de-Metz, Montières près Amiens (Dr *Richer*).

C. ampullacea Good.; *Cat.* 263. — Ham; Quend (*Abbé Cagé*).

C. vesicaria L.; *Cat.* 263. — Quend. — Sur les indications de M. l'abbé Cagé, nous avons récolté ce *Carex* en juin 1872 auprès de Quend, dans un fossé bordant la route de Rue. C'est la première fois que nous le rencontrons dans nos limites où il paraît cependant avoir été observé autrefois.

C. riparia Curt.; *Cat.* 263. — Quend (*Abbé Cagé*).

C. hirta L.; *Cat.* 263. — Id. (*id.*).

C. filiformis L.; *Cat.* 264. — Quend (*Abbé Cagé*); Fortmanoir près Boves (Dr *Richer*).

Heleocharis umglumis Rchb.; *Cat.* 264. — Quend (*Abbé Cagé*).

Scirpus pauciflorus Lightf.; *Cat.* 265. — Retrouvé à Quend (*id.*).

S. setaceus L.; *Cat.* 265. — Villers-sur-Authie (*id*).

S. compressus Pers.; *Cat.* 267. — Retrouvé à Quend (*id.*)

Cladium Mariscus R. Br.; *Cat.* 268. — Monchaux près Quend.

Eriophorum latifolium Hoppe; *Cat.* 268. — Bray-lès-Mareuil.

Cyperus flavescens L.; *Cat.* 269. — Fouencamps (Dr *Richer*).

C. fuscus L.; *Cat.* 269. — Champ de courses à Amiens, et entre le Pont-de-Metz et Renancourt (Dr *Richer*, *Copineau*).

GRAMINEÆ.

Oplismenus Crus-galli Kunth; *Cat.* 270. — Bords du canal vers l'île Sainte-Aragone à Amiens (Dr *Richer*).

Digitaria sanguinalis Scop.; *Cat.* 271. — Saint-Valery (Dr *Richer*).

Setaria viridis P. B.; *Cat.* 271. — Huppy.

Alopecurus geniculatus L. Var. α. *geniculatus* (Coss. et Germ.; *Cat.* 272). — Saint-Valery.

A. BULBOSUS L.; *Cat.* 272. — Saint-Valery ; Le Crotoy (*Dovergne* Herb.).

PHLEUM BOEHMERI Wib.; *Cat.* 273. — Lisières du bois de Croixrault près Poix ; Notre-Dame-de-Grâce près Amiens (*Dr Richer*).

CALAMAGROSTIS EPIGEIOS Roth.; *Cat.* 276. — Bois d'Estrées-lès-Crécy ; Quevauvillers (*Dr Richer*).

Le *C. lanceolata* (Roth.; Not. in *Cat.* 276) a été recueilli dans les prairies de Maresquel près Hesdin [Pas-de-Calais] (*Dovergne* Herb.).

AIRA PRÆCOX L.; *Cat.* 277. — Tilloy-Floriville ; Monchaux près Quend.

DESCHAMPSIA FLEXUOSA Nees ; *Cat.* 278. — Forêt d'Arguel près Senarpont.

HOLCUS MOLLIS L.; *Cat.* 278. — Maisnières.

DANTHONIA DECUMBENS DC.; *Cat.* 279. — Bois de Lanchères ; Quend (*Abbé Cagé*) ; falaises entre Ault et Mers (*Copineau*).

AVENA PRATENSIS L.; *Cat.* 280. — Retrouvé à Mareuil.

A. PUBESCENS L.; *Cat.* 280. — Bois de Lanchères; Fortmanoir près Boves, Saint-Quentin-en-Tourmont, retrouvé à Notre-Dame-de-Grâce près Amiens (*Dr Richer*) ; falaises entre Ault et Mers, citadelle d'Amiens (*Copineau*).

MELICA UNIFLORA Retz ; *Cat.* 282. — Retrouvé à Mareuil.

GLYCERIA FLUITANS R. Br.; *Cat.* 283. S.-v. *vivipara*. — Epillets vivipares. — Bords du canal de la Somme à Amiens (*Dr Richer*).

G. DISTANS *Cat.* 283. — Saint-Valery.

BRIZA MINOR L.; *Cat.* 285. — Revu en 1869 dans un champ bordant le bois d'Estrées-les-Crécy.

POA COMPRESSA L.; *Cat.* 286. — Murs du château de Ham.

DACTYLIS GLOMERATA L.; *Cat.* 286 S.-v. *vivipara*. — Epillets vivipares. — Boulevard du Jardin des Plantes à Amiens (*Dr Richer*).

Bromus tectorum L. *Cat.* 287. — Abbeville ; Saint-Quentin-en-Tourmont ; Le Hourdel près Cayeux.

B. arvensis L.; *Cat.* 287. — Maisnières.

B. erectus Huds.; *Cat.* 289. — Les Alleux près Béhen.

Festuca gigantea Vill ; *Cat.* 289. — Amiens (*Dr Richer*).

F. pratensis Huds. S.-v. *pseudo-loliacea* (Coss. et Germ.; *Cat.* 290). — Champ de courses à Amiens (*Dr Richer*).

F. heterophylla Lmk.; *Cat.* 290. — Renancourt près Amiens (*Dr Richer*).

F. Myuros Auct.; *Cat.* 291. — Pelouses dans les dunes de Saint-Quentin-en-Tourmont ; galets du Hourdel près Cayeux.

F. tenuiflora Schrad.; *Cat.* 292. — Amiens (*Dr Richer*).

Lolium linicola Sond.; *Cat.* 294. — Raincheval (*Copineau*).

Triticum junceum L.; *Cat.* 297. — Le Hourdel près Cayeux ; Fort-Mahon près Quend (*Abbé Cagé*).

EQUISETACEÆ.

Equisetum Telmateia Ehrh.; *Cat.* 299. — Prairie au bord de la Somme à Ham.

FILICES.

Polypodium vulgare L.; *Cat.* 300. — Bois du Gard près Picquigny (*Gonse*)

Blechnum Spicant Roth.; *Cat.* 301. — Bois du Brusle près Huchenneville ; Forêt d'Arguel près Senarpont ; Quevauvillers (*Dr Richer*).

Scolopendrium officinale Sm.; *Cat.* 301. — Villers-sur-Mareuil.

Asplenium Ruta-muraria L.; *Cat.* 302. — Château de Ham.

A. Adianthum-nigrum L.; *Cat.* 302. — Villers-sur-Mareuil ; Vron (*Abbé Cagé*) ; Cagny (*Copineau*).

A. Filix-femina Bernh.; *Cat.* 302. — Forêt d'Arguel près Senarpont ; Quevauvillers, Courcelles-sous-Moyencourt (*Dr Richer*).

Nephrodium Thelypteris Stremp.; *Cat.* 303. — Villers-sur-Authie (*Abbé Cagé*); Fouencamps (*D*^r *Richer*).

N. spinulosum Stremp.; *Cat.* 303. — Doudelainville; Forêt d'Arguel près Senarpont; Namps-au-Val (*D*^r *Richer*).

Le *N. cristatum* (Michx; *Cat.* 303) a été recueilli à Saint-Josse [Pas-de-Calais] (*Dovergne* Herb.).

Aspidium aculeatum Sw.; *Cat.* 304. — Bois de la réserve entre Namps et Famechon (*Copineau*); Namps-au-Val (*D*^r *Richer*).

S-v. *Plukenetii*. *Cat.* 304. — Doudelainville.

L'*Osmunda regalis*. (L.; *Cat.* 304) a été rencontré à Saint-Josse [Pas-de-Calais] (*Dovergne* Herb.)

Botrychium Lunaria Sw.; *Cat.* 304. — Cagny (*Le Correur,* Dr *Richer*); bois de Wailly (*Goze*); citadelle d'Amiens, coteaux d'Epagne (*Dovergne* Herb.).

Ophioglossum vulgatum L.; *Cat.* 305. — Quend.

CHARACEÆ.

Nitella tenuissima Coss. et Germ. *Fl.* 898 et Illustr.; Kutz. *Sp. Alg.*; Brébiss. *Fl. Norm.* — *Chara tenuissima* Desv. *Journ. Bot.*

Fruct. — Mai-août.

RR. — Croissant en touffes dans les eaux limpides des marais tourbeux. — Mareuil, où nous l'avons observé pour la première fois en 1872 dans un fossé du marais communal.

Nous avons reçu de M. Copineau un *Nitella* qu'il a récolté à Longpré près Amiens, et que nous croyons être le *N. mucronata* Coss. et Germ.; *Cat.* 306.

TABLE

DES GENRES CITÉS DANS LE SUPPLÉMENT

Aconitum	2	Atriplex	19
Actæa	2	Atropa	15
Adonis	2	Avena	28
Adoxa	11	Barbarea	2
Aira	28	Beta	19
Ajuga	17	Bidens	12
Allium	24	Blechnum	29
Alopecurus	27	Blitum	19
Alyssum	3	Botrychium	30
Ammi	10	Brassica	3
Anacamptis	22	Braya	3
Androsæmum	6	Briza	28
Anemone	1	Bromus	29
Anthriscus	10	Brunella	17
Apium	10	Bupleurum	10
Aquilegia	2	Butomus	21
Arabis	2	Calamagrostis	28
Arenaria	5	Calendula	12
Armeria	19	Calluna	14
Artemisia	12	Campanula	14
Asperula	11	Cardamine	3
Aspidium	30	Carduus	12
Asplenium	29	Carex	25

Caucalis	10	Gentiana	15
Centaurea	12	Geranium	6
Centrophyllum	12	Geum	8
Centunculus	18	Globularia	18
Cephalanthera	23	Glyceria	28
Chlora	15	Gnaphalium	12
Chondrilla	13	Gymnadenia	23
Cicuta	10	Gypsophila	4
Cineraria	13	Heleocharis	27
Circæa	9	Helleborus	2
Cirsium	11	Helminthia	13
Cladium	27	Helodes	6
Colchicum	25	Helosciadium	10
Comarum	8	Herniaria	9
Cornus	10	Hesperis	3
Cuscuta	15	Hieracium	14
Cynoglossum	15	Hippocrepis	8
Cyperus	27	Hippuris	9
Dactylis	28	Holcus	28
Danthonia	28	Honkeneja	5
Daphne	19	Hottonia	18
Dentaria	3	Hydrocharis	21
Deschampsia	28	Hyosciamus	16
Dianthus	4	Hypericum	6
Digitalis	16	Inula	13
Digitaria	27	Isatis	4
Diplotaxis	3	Juncus	25
Drosera	4	Lactuca	13
Epilobium	9	Lamium	17
Epipactis	23	Lappa	12
Equisetum	29	Lathyrus	8
Erigeron	13	Lemna	22
Eriophorum	27	Leonurus	17
Euphorbia	20	Lepidium	4
Festuca	29	Limnanthemum	15
Gagea	24	Limodorum	23
Galeobdolon	17	Linaria	16
Galium	11	Linum	5
Genista	7	Lithospermum	15

Lolium	29	Paris	24
Loroglossum	22	Parnassia	4
Luzula	25	Pedicularis	16
Lycium	15	Peplis	9
Lycopsis	15	Phalangium	25
Lysimachia	18	Phelipæa	17
Malachium	5	Phleum	28
Malva	5	Picris	13
Matricaria	12	Pimpinella	10
Medicago	7	Pinguicula	18
Melampyrum	17	Plantago	19
Melandrium	4	Platanthera	23
Melica	28	Poa	28
Melilotus	7	Polygala	4
Melissa	17	Polygonatum	24
Mentha	17	Polygonum	19
Menyanthes	14	Polypodium	29
Mercurialis	20	Potamogeton	21
Mœhringia	5	Potentilla	9
Monotropa	14	Pyrola	14
Montia	9	Radiola	5
Muscari	24	Ranunculus	2
Myosotis	15	Reseda	4
Myosurus	2	Rhinanthus	17
Naias	22	Rubus	8
Neottia	23	Rumex	19
Nephrodium	30	Salix	20
Nitella	30	Sambucus	11
OEnanthe	10	Samolus	18
Ononis	7	Saxifraga	10
Ophioglossum	30	Scilla	24
Ophrys	23	Scirpus	27
Oplismenus	27	Scolopendrium	29
Orchis	22	Scrofularia	16
Ornithogalum	24	Scutellaria	17
Orobanche	17	Sedum	9
Osmunda	30	Selinum	10
Oxalis	6	Senebiera	4
Papaver	2	Senecio	13

Serratula	12	Thalictrum	1
Setaria	27	Thesium	20
Silene	4	Thlaspi	3
Silybum	12	Thymus	17
Sisymbrium	3	Tragopogon	13
Sium	10	Trifolium	7
Sorbus	9	Triglochin	21
Sparganium	22	Triticum	29
Specularia	14	Tulipa	24
Spergularia	5	Typha	22
Spiræa	8	Utricularia	18
Spiranthes	23	Valeriana	11
Stachys	17	Verbascum	16
Statice	19	Veronica	16
Tamus	24	Viburnum	11
Tanacetum	12	Vicia	8
Tetragonolobus	7	Vincetoxicum	
Teucrium	18		

Abbeville. — Imp. Briez, C. Paillart et Retaux.

www.ingramcontent.com/pod-product-compliance
Lightning Source LLC
Chambersburg PA
CBHW070657050426
42451CB00008B/401